AF243487

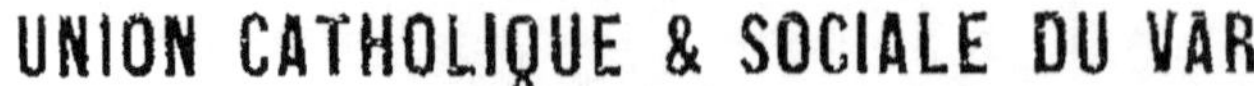

DISCOURS

PRONONCÉ

PAR M. BREST

PRÉSIDENT DE L'UNION CATHOLIQUE ET SOCIALE DU VAR

A l'Assemblée du 29 janvier 1877

TOULON

TYPOGRAPHIE ÉMILE COSTEL, COURS LAFAYETTE, 74

1877

DISCOURS

PRONONCÉ

PAR M. BREST

PRÉSIDENT DE L'UNION CATHOLIQUE ET SOCIALE DU VAR

A l'Assemblée du 29 janvier 1877

TOULON

TYPOGRAPHIE ÉMILE COSTEL, COURS LAFAYETTE, 74

—

1877

DISCOURS

PRONONCÉ

Par M. BREST

PRÉSIDENT DE L'UNION CATHOLIQUE ET SOCIALE DU VAR

A l'Assemblée du 29 janvier 1877

Messieurs,

En me présentant pour la première fois devant
vous comme Président de l'*Union catholique*, je
suis dominé par un double sentiment : sentiment
de gratitude pour l'honneur qui m'a été fait, sentiment de regrets pour la retraite des hommes de
foi et de cœur qui étaient à votre tête depuis la
fondation du Comité, et qui ont lutté courageuse-
ment pendant quatre ans contre les difficultés d'une
Œuvre naissante, d'une Œuvre nouvelle dont les
premiers pas devaient fatalement se heurter à l'hos-
tilité des uns, à l'indifférence des autres ; c'est grâce
au dévouement de ces généreux chrétiens, grâce
aussi à votre concours, Messieurs, que l'*Union
catholique* s'est constituée et qu'elle a pu rendre
des services trop restreints peut-être au gré de leur
sainte ambition, mais que la reconnaissance des
hommes de bien apprécie justement et que Dieu,

soyez-en sûrs, a inscrits au livre de leurs bonnes actions.

Nous venons, mes collègues du Bureau et moi, continuer leur œuvre sans autre prétention que d'imiter l'exemple de leur dévouement, et à défaut du talent et des vertus qui les distinguaient, d'apporter les efforts persévérants d'une bonne volonté basée sur l'énergie des convictions.

Mais pour que ces efforts ne soient pas stériles, nous avons besoin, Messieurs, de votre bienveillant concours ; l'isolement pourrait être pour nous l'occasion de mérites individuels que notre foi ne repousserait pas, mais il serait fatal, permettez-moi de vous le dire, à l'avenir de l'Œuvre que vous avez fondée.

L'heure est décisive, Messieurs, il n'est plus permis de se faire illusion : l'esprit révolutionnaire procède aujourd'hui, il faut lui rendre cette justice, avec une franchise que j'appellerai providentielle, car elle doit, il me semble, convaincre les plus optimistes et dessiller les yeux des moins clairvoyants. Les questions sociales sont reléguées au second plan, la question religieuse est, on peut le dire, l'unique question du jour ; c'est Dieu luimême qui est ouvertement nié et rejeté comme une hypothèse inutile ; c'est que la révolution a très bien compris que le véritable point d'attaque est là et que si elle parvenait à détacher la clé de voûte, l'édifice social s'écroulerait tout entier. S'il s'agissait uniquement de Dieu, nous pourrions nous borner à sourire de pitié en présence de ces attaques insensés, et nous rappelant les catastrophes terribles dont ses colères ont rempli les pages de l'histoire du monde, nous pourrions attendre avec une sainte terreur l'heure de ses vengeances en implorant ses miséricordes ; mais il s'agit de nous, Messieurs, il s'agit de la paix de nos foyers, de la liberté de nos consciences, de l'avenir enfin, de l'existence même de la patrie, oui, de son existence, car dans notre constitution politique actuelle, la religion, nécessaire à toute forme de gouvernement, est le seul principe d'autorité capable de conduire une nation à ses destinées, et ainsi que le dit M. de Tocquevile : « Comment la Société pourrait-elle « manquer de périr si, tandis que le lien politique « se relâche, le lien moral ne se resserrait pas ? et « que faire d'un peuple maître de lui-même s'il « n'est soumis à Dieu. » *(La Démocratie en Amérique*, T. 1ᵉʳ, ch. XVII.)

Or, la France, depuis trop longtemps, hélas ! donne au monde un spectacle de nature à inquiéter sérieusement notre foi et notre patriotisme ; divisée par les partis, infidèle à sa vocation, se complaisant dans un scepticisme frondeur qui autorise les négations les plus audacieuses et les systèmes les plus subversifs, livrée à toutes les séductions des jouissances matérielles, sourde aux avertissements qu'il a plu à la Providence de lui donner dans d'effroyables revers, impatiente de tout frein et se laissant maîtriser par de vulgaires despotes, courant à ses fêtes et à ses plaisirs malgré ses habits de deuil, elle étonne le monde par la mobilité de ses impressions et par son insouciance des périls qui la pressent.

Serait-il donc vrai que cette grande et généreuse nation fût destinée à périr et que rien ne pût l'arrêter sur les bords de l'abîme que l'esprit du mal creuse sous ses pas; non, non, Messieurs, calmez vos alarmes, j'ai foi dans l'avenir de mon pays !!! La France de Jeanne d'Arc et de saint Louis porte en elle des germes de résurrection et de vie ! Ce ne sera pas en vain que le sang de ses soldats et de ses martyrs aura coulé sur les champs de bataille et dans les prisons de la Commune; ce n'est pas en vain qu'elle aura, dans la longue suite des âges, peuplé le ciel de ses héros et de ses saints.

Et déjà, n'apercevez-vous pas les symptômes de la régénération? Qu'est-ce que ce magnifique mouvement religieux qui se produit d'une extrémité à l'autre du pays et qui fait éclore toutes ces œuvres si admirablement appropriées aux besoins divers de la situation? Qu'est-ce que cet élan de foi qui entraîne les populations vers nos sanctuaires bénis où tout leur parle de la vieille foi de leurs pères, et où elles vont rechercher avec une sainte avidité les témoignages anciens ou récents de la prédilection du Christ et de la Vierge pour ce doux pays de France? Qu'est-ce que ce spectacle nouveau depuis cinquante ans d'un parlement français inclinant son front devant la puissance de *Celui de qui relèvent tous les empires* et inscrivant dans la constitution du pays, au grand scandale de nos athées modernes, l'obligation de prières publiques?

Que signifie enfin cette conquête si longtemps disputée de la liberté de l'enseignement supérieur? Ne sont-ce pas là autant de preuves éclatantes du réveil de la conscience publique et d'un retour sincère à nos antiques croyances!

Gardons-nous, Messieurs, en présence de ces manifestations consolantes de désespérer du salut de la Patrie! La victoire exigera peut-être encore bien des luttes et bien des sacrifices; les attaques de l'esprit du mal vont sans doute redoubler de violence; mais, le Christ aime toujours les Francs. Le jour du triomphe viendra, soyez-en sûrs, et il nous est permis déjà d'en saluer l'aurore.

Pour hâter l'heure de cette victoire, combattons le bon combat avec les énergiques convictions des premiers Chrétiens et la fermeté de conduite que donne la confiance dans la vérité; car ce combat auquel Dieu nous convie pour défendre sa sainte cause ne demande ni canons rayés ni chassepots. Ses armes sont la charité et le dévouement; sa victoire ne consiste pas dans l'effusion du sang et l'humiliation de l'ennemi vaincu, mais dans le sacrifice et l'immolation de soi-même; il ne tend pas à l'asservissement des peuples, mais à la conquête des âmes.

En parlant ainsi, Messieurs, je viens de définir le rôle des Comités catholiques. Oui, c'est par l'observation exacte des préceptes du Décalogue et de l'Évangile, par la pratique sérieuse des vertus chrétiennes, par la charité surtout, c'est-à-dire par l'amour du prochain, que nous remplirons la mission d'apaisement qui est le premier besoin de notre époque troublée; c'est par le dévouement que nous ramènerons à Dieu les générations que les passions révolutionnaires en éloignent, mais qui dans la nuit où elles se débattent cherchent à découvrir encore ce flambeau de la vérité dont elles n'ont pas perdu le souvenir.

Aimez-vous les uns les autres….. Quiconque voudra être le premier d'entre vous doit être le serviteur de tous. (S. Jean, 13-34. S. Marc, 10-44.)

Ces préceptes divins contiennent seuls la solution des problèmes sociaux qui agitent et tourmentent les masses; c'est à les appliquer que nous devrions consacrer tous nos efforts; la paix sociale en serait le prix.

Au surplus, Messieurs, cette mission ou plutôt cet apostolat constitue le premier devoir des classes dirigeantes; car, s'il est un fait historique sur lequel tous les esprits de bonne foi soient d'accord, c'est que la démoralisation des classes populaires est le fruit de la corruption des classes dirigeantes; des publicistes éminents, vous le savez, ont mis ce fait en lumière avec une saisissante clarté; quelle redoutable responsabilité, Messieurs! et comme il importe aux Catholiques d'en dégager au plus tôt leurs consciences! Le mouvement religieux que j'ai constaté tout à l'heure donne le droit d'espérer qu'ils ont le sentiment de cette responsabilité et des devoirs qu'elle leur impose! Fasse le ciel qu'ils sachent les remplir jusqu'au bout! Ce ne sera, je le répète, que par un excès de dévouement, par l'observation exacte des préceptes divins que les classes dirigeantes pourront guérir le mal qu'elles ont fait, car si l'exemple de leur corruption a été fatal aux classes populaires, l'exemple de leurs vertus sera le mobile le plus puissant de leur régénération. Le peuple comprendra alors que la Religion seule peut assurer avec la dignité individuelle la grandeur et la sécurité des nations, et la prospérité du pays renaitra avec sa vieille foi catholique.

« Chose admirable, dit Montesquieu, la religion « chrétienne qui ne semble avoir d'objet que la « félicité de l'autre vie, fait encore notre bonheur « dans celle-ci. »

Les Comités catholiques sont nés, Messieurs, du double sentiment de la responsabilité, de la solidarité chrétienne et de l'imminence des périls qui menaçaient l'ordre religieux et l'ordre social; c'est donc une œuvre de réparation religieuse et de défense sociale; c'est un terrain vaste mais bien défini sur lequel les Catholiques se sont groupés et sur lequel ils appellent à eux tous ceux qui ont quelque souci des destinées de leur âme immortelle et de l'avenir de la Patrie, c'est en un mot la constitution des cadres de l'armée du bien en face des phalanges de l'armée du mal.

Je n'insiste pas, Messieurs, sur ce caractère général des Comités catholiques qui a été si souvent et si éloquemment défini, et envisageant le côté pratique de la question au point de vue spécial de notre Comité, je veux examiner rapidement quels sont les devoirs qui nous incombent pour remplir dans la mesure de nos forces et dans la limite de notre sphère d'action le but que se proposent les Catholiques de France.

Notre premier devoir, Messieurs, est d'être entièrement soumis à la doctrine de l'Église catholique, apostolique et romaine, et pour tout ce qui touche à la défense de la Foi de marcher sous la direction de notre Évêque et de nos Pasteurs ; eux seuls ont l'autorité pour nous guider dans cette voie, pour redresser les déviations auxquelles notre inexpérience des choses divines pourrait nous entraîner et pour modérer les excès même de notre zèle ; nous ne devons pas oublier que l'Église, qui est la grande École de l'autorité et du respect est aussi la grande École de la tolérance et de la vraie liberté ; nous serons donc toujours prêts à écouter la voix de nos chefs spirituels et à suivre les avis que pourra leur suggérer leur sagesse inspirée par les grâces de l'onction sacerdotale.

Au point de vue social, trois objets me paraissent solliciter plus particulièrement notre action.

Les Écoles d'abord. — Vous savez, Messieurs, à quelle persécution mesquine nos Écoles congréganistes sont en butte depuis quelques années. — Chassés d'abord brutalement malgré les droits que de longs services rendus leur donnaient à la reconnaissance du pays, subis aujourd'hui par une administration hostile, nos excellents Frères de la Doctrine chrétienne qui ont donné pourtant dans nos récents désastres la mesure de leur dévouement patriotique, sont condamnés à lutter contre la partialité et le mauvais vouloir des autorités locales dont ils n'ont à attendre qu'un pain parcimonieusement accordé ; nous avons à soutenir ces modestes et vaillants champions de la liberté religieuse, ces amis sincères des enfants du peuple, à les soutenir par notre appui moral et par notre concours pécuniaire : malheureusement les ressources trop restreintes de notre budget nous imposent des limites regrettables et qui ne nous permettent pas de leur fournir des subsides pour tous les besoins de leurs Écoles ; et cependant, Messieurs, ces Écoles prospèrent, la confiance des familles remplit les locaux insuffisants qui leur sont affectés. Ah ! c'est que, comme l'a dit Monseigneur Dupanloup, « *le peuple laissé à lui-même est bon,* « *honnête, religieux. Pour illuminer d'espérance* « *son travail et sa vie il sait qu'il a besoin de Dieu ;* » il le sait surtout quand il s'agit de l'intérêt de ses enfants ; son instinct paternel, dégagé des suggestions de l'esprit du mal, ne le trompe jamais.

Je ne veux pas quitter ce sujet des Ecoles sans rendre un hommage mérité à nos honorables prédécesseurs ; c'est à leur dévouement, à leur générosité, que nous devons la restauration de nos Ecoles congréganistes ; c'est un grand service rendu que notre reconnaissance ne doit pas oublier.

Nous avons à regretter le départ des religieuses qui tenaient une Ecole de filles à la cité Montéty ; c'est encore l'insuffisance de notre budget qui nous a imposé ce douloureux sacrifice. Ah ! si les catholiques, nos frères, qui se tiennent à l'écart de nous, avaient pu entendre les regrets et les plaintes des familles de ce populeux quartier, je suis convaincu qu'ils viendraient à notre aide ; ils comprendraient que nous faisons une œuvre utile et qu'en nous préoccupant de faire donner aux enfants du peuple une éducation religieuse, nous préparons le rétablissement de la paix sociale dans notre pays.

Le second objet de nos études doit être la Presse ; instrument de démoralisation, elle peut et doit devenir un instrument de régénération et de salut ; au surplus nous n'avons pas le choix. Puissance née du mouvement des idées modernes, on peut discuter théoriquement sur sa légitimité (ce n'est pas ici le lieu) on est obligé d'en subir l'empire ; mais il est du devoir des catholiques, des conservateurs, de s'emparer de cette puissance, ouvertement, car c'est leur droit, et de la faire servir à la défense et au triomphe de la vérité.

Les Comités catholiques ont un rôle important à remplir à cet égard ; le cadre de ce Rapport ne me permet pas d'exposer mes vues sur le mode d'action de ce rôle ; il est plus naturel du reste de confier cette étude à votre Conseil ; qu'il me permette d'appeler son attention là dessus.

Le troisième objet de notre activité doit avoir pour but la participation des catholiques aux manifestations de la vie publique.

Notre association, Messieurs, n'est pas assurément une association politique : bien au-dessus des luttes des partis, étrangers à toutes les questions contingentes, nous voulons rester dans la région seraine des principes éternels qui intéressent nos destinées futures et la base même des Sociétés ; nous sommes des catholiques et rien de plus ; nous poursuivons la restauration de la religion du Christ dans les âmes ; cette ambition nous suffit ; instruits par les leçons de l'histoire que notre pays n'a dû sa grandeur morale et son prestige dans le monde qu'à cette religion catholique si odieusement calomniée aujourd'hui, nous sommes convaincus qu'il ne retrouvera sa grandeur, qu'il ne reprendra sa prépondérance légitime qu'en revenant à la foi de ses pères ; c'est pour cette grande œuvre que nous sommes unis, c'est à son succès que nous consacrons les ardeurs de notre patriotisme et les énergiques convictions de notre foi ; qu'on ne craigne donc pas de nous une immixtion dans les questions purement politiques et dans les discussions passionnées des partis ; mais pour être catholiques, nous n'en sommes pas moins citoyens français et nous prétendons en exercer les droits au profit de la sainte cause que nous défendons ; voilà toute notre politique, nous n'avons pas à la cacher, et je ne suppose pas qu'on ait la pensée de nous en contester le droit ; il est la garantie de la liberté de nos consciences.

Ainsi donc, Messieurs, les Comités catholiques ont là encore un grand devoir à remplir ; il exigera, dans son accomplissement, beaucoup de tact, de prudence et de mesure ; mais il ne saurait être abandonné par eux, à mon avis, sans faillir à leur mission.

Enfin, Messieurs, un grand acte par lequel les Comités catholiques doivent affirmer leur existence et leurs convictions, c'est la prière... La prière, ce besoin impérieux de l'âme humaine, indice tout à la fois de notre faiblesse et de notre grandeur, de notre faiblesse, puisqu'elle est un aveu de dépendance absolue à l'égard de la puissance infinie, de notre grandeur, puisqu'elle nous permet d'entrer en communication intime avec la majesté de Dieu lui-même.

Je ne saurais terminer ce Rapport, Messieurs, sans saluer toutes les Œuvres catholiques qui vivent à côté de nous ; les unes ont déjà de longs jours pleins de services, les autres nées comme la nôtre des besoins divers des temps malheureux que nous traversons, ont déjà acquis des titres à la gratitude du pays.

Les chrétiens généreux qui dirigent ces Œuvres sont pour nous des frères d'armes, puisque nous combattons sous le même drapeau et sous le même chef, c'est-à-dire sous le drapeau de l'Église catholique et sous son chef vénéré ; qu'ils me permettent de leur dire qu'ils nous trouveront toujours prêts à répondre à leur appel et que nous comptons sur leur fraternel appui pour nous aider dans les difficultés d'une tâche qui serait de nature à effrayer notre faiblesse si nous ne mettions notre confiance dans le secours de la grâce divine.

Nous avons à cœur aussi de payer un tribut de respectueux hommage aux Membres de notre Clergé et aux Révérends Pères Maristes que nous avons l'honneur de compter dans nos rangs ; leur présence est pour nous un encouragement et une espérance de succès ; à notre digne Archiprêtre qui a bien voulu ne pas oublier les liens d'une ancienne amitié de collége et dont les sympathies et le zèle apostolique sont acquis à toutes les aspirations généreuses et chrétiennes ; à Monseigneur Terris enfin, notre éminent Prélat, qui a su conquérir tous les cœurs par sa forte éloquence et par sa virile attitude vis-à-vis des ennemis de notre foi ; qu'il me permette de lui adresser ici mes remerciements personnels pour le haut intérêt qu'il a daigné me témoigner.

2374 — Toulon, Typographie E. Costel, cours Lafayette, 74.